긍정왕 김땅콩의 다이어리

개즈호

긍정왕 김땅콩 지음

블 로 그 | https://blog.naver.com/vegabooks
유 튜 브 | @VegabooksCo   인스타그램 | @vegabooks

KINGQUEEN
DDANGKONG

Lucky Ddangkong

어릴 적부터 올망졸망 귀염상이란 말 많이 들었어요.

근데 그거 치고 고생이란 고생은 다 하고 살았답니다.

그리고 2년 뒤^^

덕분에 폭풍성장 했지 뭐야!

많은 사랑 부탁드린다구 응응

우리 모두 잘 살아보자구! 파이팅~ 개극호~~

주인을 찾습니다
김땅콩, 180cm, 4살, 땅콩 없음

거절   수락

Our Promise

서약서.ddangkong

나 _____ 은(는)
제정신 아닌 것들로 가득 찬 세상 속에서
(단, 우리 가족이랑 내 친구랑 내 반려동물 빼고)

정신머리 딱딱 잡아 긍정에너지 전파하며
나 자신에게, 하루에 네 번 사랑을 말하고
여섯 번 웃고, 여덟 번의 칭찬을 해주어
내 안의 '작은 김땅콩'을 키워낼 것을 다짐한다.

그러므로 나 _____ 은(는)
긍정왕 김땅콩 팬클럽의 비공식 앰배서더로
자기합리화 장인임을 인증한다.

POSITIVE KINGQUEEN

서 명: _____

MY FAVORITE DDANGKONG'S DIARY

올해 마음가짐 플리 짜기

새해 첫 순간에 듣고 싶은 음악과 이유를 적어봐!

Dreams Come True aespa
원하는 건 다 이루어지는 대박적 한 해가 될 거야!

TO DO:
music is my life…★

완전 느좋이다…

재생 중이 아님

보관함   For You   둘러보기   라디오   검색

MONDAY	TUESDAY	WEDNESDAY	THURSDAY

January

FRIDAY	SATURDAY	SUNDAY
	★	★
	★	★
	★	★
	★	★
	★	★

MONTHLY MISSION

포기했다구? 다시 시작하면 돼.

Weekly Plan
& Mission!

이번 주 미션!

버킷리스트 작성하기

Monday

Thursday

Friday

모두 다 이루어져라*:·◇

I LOVE YOU

Tuesday

Wednesday

Saturday

Sunday

Weekly Plan
& Mission!

이번 주 미션!

바르고 고운 말 쓰기

Monday

Thursday

Friday

모두 다 이루어져라*: ◇

I LOVE YOU

Tuesday

Wednesday

Saturday

Sunday

Weekly Plan
& Mission!

Monday

이번 주 미션!
일기 쓰기

Thursday

Friday

모두 다 이루어져라*:·◇

I LOVE YOU

Tuesday

Wednesday

Saturday

Sunday

Weekly Plan
& Mission!

Monday

이번 주 미션!
바탕화면 정리하기

Thursday

Friday

모두 다 이루어져라*:·◇   I LOVE YOU

Tuesday

Wednesday

Saturday

Sunday

Weekly Plan
& Mission!

이번 주 미션!
스트레칭하기

Monday

Thursday

Friday

모두 다 이루어져라*:·◇

Tuesday

Wednesday

Saturday

Sunday

이름 : 김땅콩

생년월일 : 22.12.32.

(내게 1월 1일은 없다고 내 달력은 끝이 아니라고
32일이라고 33일이라고 전 주인 니가 올 때까지 나에겐 아직 12월이라고)

나로 말할 것 같으면? : 겟잇 뷰티 선정 이달의 미소왕 공무원,
말 안 듣는 잼민이 딱딱 기강 잡아 참교육 완료 ^^——ㅇ

성별 : 남자. 무조건 남자. (땅콩 x ⌒⌒)

PS. 체력만큼 지성도 겸비해야 한다는 김연아 선배님의
말을 받들어 배민리뷰어로 지성도 함양 중~ >.ㅋ

아침에 제일 먼저 하는 것 : 중안부 마사지

매력 포인트 : 나이와 함께 자라난 영롱한 롱안부

현재 좋아하는 사람은? : 이 글을 읽고 있는 바로 너 ..? ♥

좋은 일은 햇살처럼 스미고
나쁜 일은 바람처럼 날아가길
오늘도 많이 웃고
행복한 하루 되세요

가장 먼저 보이는 단어

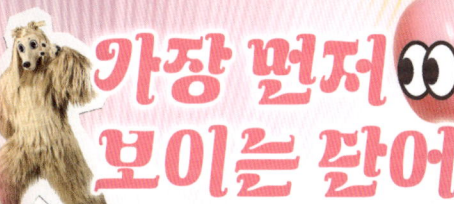

**가장 먼저 보이는 3개의 단어들이
올해 네가 얻게 될 것들이야!**

개	친	이	돈	회
여	극	구	사	평
유	드	호	랑	화
쾌	이	름	합	양
티	변	비	가	격
언	켓	면	허	족

우연히 과분할 정도로 많은 행운이 찾아오길...

야

잘한다 잘한다 하니까

네가 진짜 잘하는 줄 아나 본데

너 겁나 잘하고 있거든

앞으로 이렇게만 해라

 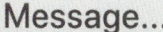

MONDAY	TUESDAY	WEDNESDAY	THURSDAY

February

FRIDAY	SATURDAY	SUNDAY
☆	☆	☆
☆	☆	☆
☆	☆	☆
☆	☆	☆
☆	☆	☆

MONTHLY MISSION

어차피 인생은 기세야!

Weekly Plan

& Mission!

Monday

이번 주 미션!

꿀 같은 휴식 취하기

Thursday

Friday

절대 기 죽지 말자!

I LOVE YOU

Tuesday

Wednesday

Saturday

Sunday

Weekly Plan

& Mission!

Monday

이번 주 미션!

12시 전에 자기

Thursday

Friday

 절대 기 죽지 말자!

 I LOVE YOU

Tuesday

Wednesday

Saturday

Sunday

Weekly Plan

& Mission!

이번 주 미션!

거울 보고 칭찬 갈기기

Monday

Thursday

Friday

절대 기 죽지 말자!

Tuesday

Wednesday

Saturday

Sunday

Weekly Plan

& Mission!

Monday

이번 주 미션!

잔소리 노이즈 캔슬링 하기

Thursday

Friday

절대 기 죽지 말자!

Tuesday

Wednesday

Saturday

Sunday

Weekly Plan

& Mission!

이번 주 미션!

허리 펴고 앉기

Monday

Thursday

Friday

절대 기 죽지 말자!

I LOVE YOU

Tuesday

Wednesday

Saturday

Sunday

땅콩이의 개극호 주문

리쥬란 보톡스 울쎄라 없이도 아름다워지는 비밀?
그건 바로… 긍정적인 마인드를 가지는 거야!

화농성 여드름이 인중 밑에 났어?
(여드름 신경 쓰느라 얼굴 부은 거 안 보여)

개극호~!!

짜장면 먹다가 흰 티에 얼룩이 묻었어?
(오늘만의 특별 에디션이잖아?)

개극호~!!

다이슨 했는데 비가 와?
(내추럴 곱슬 완전 민들레 홀씨 재질)

개극호~!!

초성으로 알아보는 나는 전생에 어떤 킹퀸 이었을까?

성	 이름	 이름
ㄱ 생활력 강한	ㄱ 키 188cm	ㄱ 현상금 사냥꾼
ㄴ 돈이 많은	ㄴ 춤선이 죽여주는	ㄴ 제국1황제의 반려 강아지
ㄷ 자신감 넘치는	ㄷ 금사빠	ㄷ 최강 동안 드라큘라 백작
ㄹ 일복 터지는	ㄹ 아이큐 350	ㄹ 벼락부자의 상속자가 된 집사
ㅁ 줏대 있는	ㅁ 성 180채	ㅁ 모두에게 사랑받는 여왕
ㅂ 아름다운	ㅂ 사랑스러운	ㅂ 삼대독자 집안 공주님
ㅅ 말 많은	ㅅ 정략 결혼을 앞둔	ㅅ 손에서 돈이 나오는 대마법사
ㅇ 긍정적인	ㅇ 근육 빵빵한	ㅇ 회귀한 남작가의 공주
ㅈ 모두에게 친절한	ㅈ 세상이 아름다운	ㅈ 황제의 호위 기사
ㅊ 노는 게 좋은	ㅊ 어떻게든 잘 먹고 잘 사는	ㅊ 긍정왕
ㅋ 청산유수 ㄹㅈㄷ	ㅋ 알뜰한	ㅋ 제국의 공주님
ㅌ 똑똑한	ㅌ 극극극 F인	ㅌ 차은우급 외모의 황제님
ㅍ 사교성 좋은	ㅍ 재능이 출중한	ㅍ 거의 뭐 반 고흐급 화가
ㅎ 돈을 아끼는	ㅎ 발이 빠른	ㅎ 사연 가득한 쿨시크 계열 마녀

Chapter.3

작심삼일이 쌍이면 365일-☆

MONDAY	TUESDAY	WEDNESDAY	THURSDAY

March

FRIDAY	SATURDAY	SUNDAY
	★	★
	★	★
	★	★
	★	★
	★	★

MONTHLY MISSION

제일 생각해. 제일 가치 있는 건 나다.

Weekly Plan

& Mission!

Monday

이번 주 미션!
밥 먹고 바로 눕지 않기

Thursday

Friday

작심삼일도 스텝 업이다 💕 I LOVE YOU

Tuesday

Wednesday

Saturday

Sunday

Weekly Plan
& Mission!

Monday

이번 주 미션!
감사일기 한 줄 쓰기

Thursday

Friday

작심삼일도 스텝 업이다 ❤

Tuesday

Wednesday

Saturday

Sunday

Weekly Plan
& Mission!

Monday

이번 주 미션!
영양제 챙겨 먹기

Thursday

Friday

작심삼일도 스텝 업이다 💕

I LOVE YOU

Tuesday

Wednesday

Saturday

Sunday

Weekly Plan

& Mission!

Monday

이번 주 미션!

각질 빡빡 제거하기

Thursday

Friday

작심삼일도 스텝 업이다 💕 I LOVE YOU

Tuesday

Wednesday

Saturday

Sunday

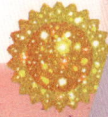

Weekly Plan

& Mission!

이번 주 미션!

한 층은 계단으로 올라가기

Monday

Thursday

Friday

작심삼일도 스텝 업이다 💕 I LOVE YOU

Tuesday

Wednesday

Saturday

Sunday

기 죽지마

한번 넘어졌다고 기 죽지 마!
네 문제가 아니라
사람 하나 갈아서 사회 유지하려는
이 세상이 문제니까!

당신이 실수하기 전

당신이 실수한 후

땅콩이의 롱안부 미로 탈출하기

3일 안에 탈출해봐! 그럼 너는 뭐든 할 수 있을 거야!

FRIDAY	**SATURDAY**	**SUNDAY**

MONTHLY MISSION

너만의 페이스대로 가자.
인생은 마이웨이!

Weekly Plan
& Mission!

이번 주 미션!

산책하기

Monday

Thursday

Friday

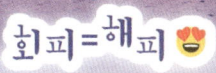 

Tuesday

Wednesday

Saturday

Sunday

Weekly Plan
& Mission!

이번 주 미션!
소울푸드 먹기

Monday

Thursday

Friday

회피=해피 🤩

I LOVE YOU

Tuesday

Wednesday

Saturday

Sunday

Weekly Plan
& Mission!

Monday

이번 주 미션!
남과 비교하지 않기

Thursday

Friday

회피=해피 🤩

I LOVE YOU

Tuesday

Wednesday

Saturday

Sunday

Weekly Plan
& Mission!

Monday

이번 주 미션!
혼자라도 꽃 구경 가기

Thursday

Friday

회피=해피 😍

I LOVE YOU

Tuesday

Wednesday

Saturday

Sunday

Weekly Plan

& Mission!

이번 주 미션!

인생영화 다시 보기

Monday

Thursday

Friday

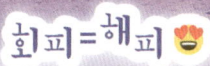 회피=해피

 I LOVE YOU

 **Tuesday**

Wednesday

 **Saturday**

Sunday

To. 아기 땅콩이

과거의 나야,

네가 날 위해서 열심히 살아주는 건 고마운데,

어차피 크면 고생하는 거거든.

그니까 넌 그때를 즐겼음 좋겠어!

오늘의 네가 더 행복할수록

오늘의 내가 더 잘 살 것 같으니까!

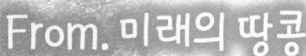

From. 미래의 땅콩

좋아하는 것만 가득 넣은
나만의 행복 케이크 만들기

XOXO

상반기 최애 모먼트 그리기

Chapter.5

어른? 난 아직도 귀여운 게 좋으니까 어린이 해도 됨.

MONDAY	TUESDAY	WEDNESDAY	THURSDAY

May

FRIDAY	SATURDAY	SUNDAY

MONTHLY MISSION

금쪽같은 나 소중히 키우기

Weekly Plan
& Mission!

Monday

이번 주 미션!
날 위한 선물 사주기

Thursday

Friday

아직 응애예요

I LOVE YOU

Tuesday

Wednesday

Saturday

Sunday

Weekly Plan
& Mission!

Monday

이번 주 미션!

치과 가기

Thursday

Friday

아직 응애예요   I LOVE YOU

Tuesday

Wednesday

Saturday

Sunday

Weekly Plan

& Mission!

Monday

이번 주 미션!
하루쯤은 나잇값 하지 않기

Thursday

Friday

아직 응애예요

I LOVE YOU

Tuesday

Wednesday

Saturday

Sunday

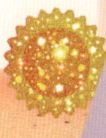

Weekly Plan

& Mission!

이번 주 미션!

소중한 사람에게 연락하기

Monday

Thursday

Friday

아직 응애예요

I LOVE YOU

Tuesday

Wednesday

Saturday

Sunday

Weekly Plan
& Mission!

Monday

이번 주 미션!
어릴 적 앨범 보기

Thursday

Friday

아직 응애예요

I LOVE YOU

Tuesday

Wednesday

Saturday

Sunday

땅콩도령선녀가 점지해주는
이번 달 행운의 번호!

초등학교 1학년 때 반의 숫자를 적으시오

본인 이름의 총 획 합을 적으시오

오늘 날짜의 일자를 적으시오

최애의 나이 앞자리와 뒷자리 숫자를 합하시오

휴대폰 뒷자리 번호를 합하시오

눈을 감고 떠오르는 숫자를 적으시오

땅콩이 틀린 그림 찾기

4개니까 자신 있으면 찾아보든가!

정답은 베가북스 인스타그램에…

Chapter.6
고환강타(苦患强咤)

어려운 근심도 굳센 마음으로 이겨내는
강한 사람 또는 강아지

FRIDAY	SATURDAY	SUNDAY

MONTHLY MISSION

사실 져도 되긴 해!

Weekly Plan
& Mission!

이번 주 미션!
불안할 땐 눈 꼭 감고 명상하기

Monday

Thursday

Friday

어디서나 당당하게 걷기

Tuesday

Wednesday

Saturday

Sunday

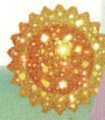

Weekly Plan
& Mission!

이번 주 미션!
구충제 먹기

Monday

Thursday

Friday

어디서나 당당하게 걷기

I LOVE YOU

Tuesday

Wednesday

Saturday

Sunday

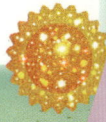

Weekly Plan
& Mission!

Monday

이번 주 미션!
비타민D UP! 광합성하기

Thursday

Friday

어디서나 당당하게 걷기

I LOVE YOU

Tuesday

Wednesday

Saturday

Sunday

Weekly Plan
& Mission!

이번 주 미션!
착한 일 하나 하기

Monday

Thursday

Friday

어디서나 당당하게 걷기

I LOVE YOU

Tuesday

Wednesday

Saturday

Sunday

Weekly Plan

& Mission!

Monday

이번 주 미션!

폼롤러 하기

Thursday

Friday

어디서나 당당하게 걷기

Tuesday

Wednesday

Saturday

Sunday

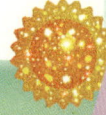

따뜻한 자본주의

절대 돈은 공짜로 주어지는 법이 없단다.
피 땀 눈물 아주 폭포처럼 흘려야
입에 풀칠하면서 살 수 있는 거야.

분노가 사라지는 초긍정!

DEATH NOTE 💀

당신을 가장 빡치게 한 일과 사람 등…
괴롭히는 모든 것을 적어보세요!
분노가 사그라들어 이너피스가 쑥쑥 자란답니다 ♥

Chapter.7

이것저것
먹어도
조금만 먹으면
소식좌

July

MONDAY	TUESDAY	WEDNESDAY	THURSD

FRIDAY	**SATURDAY**	**SUNDAY**
★	★	★
★	★	★
★	★	★
★	★	★
★	★	★

MONTHLY MISSION

1g도 사라지지 않기

Weekly Plan

& Mission!

Monday

이번 주 미션!

음식물 꼭꼭 씹기

Thursday

Friday

고생 끝에 밥이 온다

I LOVE YOU

Tuesday

Wednesday

Saturday

Sunday

Weekly Plan
& Mission!

Monday

이번 주 미션!
물 많이 마시기

Thursday

Friday

고생 끝에 밥이 온다

I LOVE YOU

Tuesday

Wednesday

Saturday

Sunday

Weekly Plan
& Mission!

Monday

이번 주 미션!
치실 사용하기

Thursday

Friday

고생 끝에 밥이 온다

I LOVE YOU

Tuesday

Wednesday

Saturday

Sunday

Weekly Plan
& Mission!

이번 주 미션!

먹고 10분 걷기

Monday

Thursday

Friday

고생 끝에 밥이 온다

I LOVE YOU

Tuesday

Wednesday

Saturday

Sunday

Weekly Plan
& Mission!

Monday

이번 주 미션!
새로운 맛집 도전하기

Thursday

Friday

고생 끝에 밥이 온다

I LOVE YOU

Tuesday

Wednesday

Saturday

Sunday

공복과
성격의 관계성

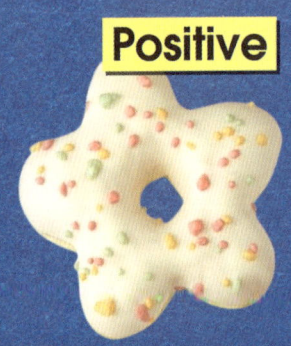

Fruits Club

BANANA

여유는 잔고에서 오고
상냥함은 당과 탄수화물에서 온다는 말 알지?

다음부터는 아침 진지
꼭 잡수시기로 약속!

KingQueen

밸런스 게임

A VS B

배달앱 평생 무료 **VS** 쇼핑앱 평생 무료

젤리 끊기 **VS** 초콜릿 끊기

얼죽아
(얼어 죽어도 아이스) **VS** 더죽뜨
(더워 죽어도 뜨거운 물 샤워)

10시 출근
7시 퇴근 **VS** 8시 출근
5시 퇴근

연금복권 당첨 200억!
한 달에 200만 원 나눠서 받기 **VS** 한번에 받기 (세전)

야식이 땅기는
의학적 이유
science

PASSED

배 속에 거지가 있기 때문입니다.

Chapter.8

YOUTH

성실히 놀고
대충! 일하자!

August

FRIDAY	SATURDAY	SUNDAY
★	★	★
	★	★
	★	★
	★	★
	★	★

MONTHLY MISSION

야무지게 놀자잉~!

Weekly Plan
& Mission!

이번 주 미션!

바람 쐬러 드라이브 가기

Monday

Thursday

Friday

이 나이 먹어도 노는 게 젤 좋다··· I LOVE YOU

Tuesday

Wednesday

Saturday

Sunday

Weekly Plan
& Mission!

Monday

이번 주 미션!
하고 싶은 말 참지 않고 하기

Thursday

Friday

이 나이 먹어도 노는 게 젤 좋다… **I LOVE YOU**

Tuesday

Wednesday

Saturday

Sunday

Weekly Plan

& Mission!

이번 주 미션!
새로운 스타일 시도해보기

Monday

Thursday

Friday

이 나이 먹어도 노는 게 젤 좋다··· **I LOVE YOU**

Tuesday

Wednesday

Saturday

Sunday

Weekly Plan
& Mission!

Monday

이번 주 미션!

FLEX 하기

Thursday

Friday

이 나이 먹어도 노는 게 젤 좋다··· **I LOVE YOU**

Tuesday

Wednesday

Saturday

Sunday

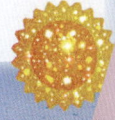

Weekly Plan
& Mission!

이번 주 미션!

설레는 마음 안고 여행 가기

Monday

Thursday

Friday

이 나이 먹어도 노는 게 젤 좋다… I LOVE YOU

Tuesday

Wednesday

Saturday

Sunday

저는 먹여 살려야 할
토끼 같고 말티즈 같은 나 자신이 있읍니다

영국에 있는 가톨릭 고등학교 불교학과에서
실행한 연구 결과에 따르면…

울견대 정신분석학과 **땅콩 교수**

금 하고 있는 고민의 1,232%는
차피 곧 말끔하게 해결되는 문제라고 합니다.

우리의 여행스타일은 어떤 타입?

세 개 이상 안 맞는 친구랑은 여행 가면 무조건 싸움

호텔 *Hotel*
VS
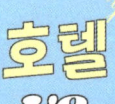

| 숙소는 가성비 | 숙소 퀄리티 중시파 |

플랜 *Plan*
VS

| 일정은 널널하게 | 일정은 촘촘하게 |

조식 *Breakfast*
VS

| 잠을 더 잘래 | 조식은 못 참지 |

음식 *Food*
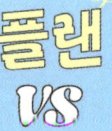
VS

| 현지 음식을 먹어야지! | 먹고 싶은 거 먹을래 |

숙면 *Sleep*

VS

| 코골이? ㄱㅊ | 스트레스 받아서 못 잠 |

BABY DDANGKONG

_____의
인생세컷

Chapter.9

오늘도 인생여전 성공!

축하드립니다!
360도 변신에 성공하셨습니다!

MONDAY	TUESDAY	WEDNESDAY	THURSDA

September

FRIDAY	SATURDAY	SUNDAY
	★	★
	★	★
	★	★
★	★	
	★	★

MONTHLY MISSION

흐르는 대로 흘러가도 괜찮아

Weekly Plan
& Mission!

이번 주 미션!

하루쯤은 무지출 챌린지 도전?

Monday

Thursday

Friday

다 이제부터 360도 변신하겠어★ I LOVE YOU

Tuesday

Wednesday

Saturday

Sunday

Weekly Plan
& Mission!

Monday

이번 주 미션!
네컷사진 찍기

Thursday

Friday

다 이제부터 360도 변신하겠어★

Tuesday

Wednesday

Saturday

Sunday

Weekly Plan
& Mission!

Monday

이번 주 미션!
자전거 타기

Thursday

Friday

이제부터 360도 변신하겠어★ I LOVE YOU

Tuesday

Wednesday

Saturday

Sunday

Weekly Plan

& Mission!

Monday

이번 주 미션!
팩 하고 자기

Thursday

Friday

이제부터 360도 변신하겠어★

Tuesday

Wednesday

Saturday

Sunday

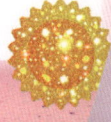

Weekly Plan

& Mission!

Monday

이번 주 미션!

코노 가기

Thursday

Friday

ㅓ 이제부터 360도 변신하겠어★ I LOVE YOU

Tuesday

Wednesday

Saturday

Sunday

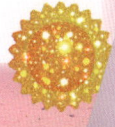

4달의 전사

직장인 봐봐라? 4달이면 하루에 1키로씩 빼지?
그럼 마이너스 112키로 되는 거야!

최준생 봐봐라? 4달이면 한 달 단어, 한 달 문법, 한 달 리스닝,
한 달 회화. 끝. 완료!

수험생 봐봐라? 4달이면 한 달 국어, 한 달 수학, 한 달 영어,
한달 탐구. 끝. 완료!

여전해서 좋은 것들

난 여전히 _____.

난 여전히 _____.

난 여전히 _____.

난 여전히 _____.

난 여전히 _____.

넌 여전히 예쁘구나..

Chapter.10

고민은 네가 하고, 춤은 내가 추고, 욕은 네가 먹어.

고민이 있다는 건
뭘 해결하고 싶은지 안다는 거니까
넌 이미 킹퀸-★

| MONDAY | TUESDAY | WEDNESDAY | THURSDAY |

FRIDAY	SATURDAY	SUNDAY
 ★	★	
	★	★
		★
	★	★
	★	★

MONTHLY MISSION

네 탓 하지마! 남 탓 하며 살아~

Weekly Plan
& Mission!

Monday

이번 주 미션!

책 읽기에 도전하기

Thursday

Friday

잘한 건 내 덕 못한 건 네 탓

I LOVE
YOU

Tuesday

Wednesday

Saturday

Sunday

Weekly Plan
& Mission!

Monday

이번 주 미션!
이불 빨래 하기

Thursday

Friday

잘한 건 내 덕♥ 못한 건 네 탓♥ I LOVE YOU

Tuesday

Wednesday

Saturday

Sunday

Weekly Plan

& Mission!

Monday

이번 주 미션!
힐링 음악 듣기

Thursday

Friday

잘한 건 내 덕♥ 못한 건 네 탓♥ I LOVE YOU

Tuesday

Wednesday

Saturday

Sunday

Weekly Plan

& Mission!

Monday

이번 주 미션!
좋아하는 향수 사기

Thursday

Friday

잘한 건 내 덕♥ 못한 건 네 탓♥  I LOVE YOU

Tuesday

Wednesday

Saturday

Sunday

Weekly Plan

& Mission!

Monday

이번 주 미션!
환기시키기

Thursday

Friday

잘한 건 내 덕♥ 못한 건 네 탓♥ I LOVE YOU

Tuesday

Wednesday

Saturday

Sunday

콩나무 숲에 털어놔봐!

▼▲▲ from.ddangkong 〔▯▯▯〕

세상에 너의 편이 한 명이라면,

그것은 김땅콩일 거고

세상에 너의 편이 단 한 명도 없다면,

그것은 김땅콩이 이 세상에 없다는 것…

물론 너의 고민을 직접 해결해줄 수는

없지만, 여기 콩나무 숲에 털어놔봐.

마음이 한결 가벼워질 거야. 개굴호~!

역경을 이기는
나만의 긍정주문

구슬 안에 주문을 쓰면 놀라운 효력이 생깁니다

Chapter.11

때론 손절이 익절이다

한번 떨어진 땅콩이와의 관계는
절대 다시
이어 붙일 수 없어!!

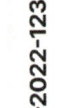

010-2022-1232

010-2022-1232

010-2022-1232

MONDAY	TUESDAY	WEDNESDAY	THURSDAY

November

FRIDAY	SATURDAY	SUNDAY

MONTHLY MISSION

꼴 보기 싫은 것들은 ㅇ....이...잊으시오!

Weekly Plan

& Mission!

Monday

이번 주 미션!

연락처 정리하기

Thursday

Friday

그냥 다 굳만두…고 싶다!

I LOVE YOU

Tuesday

Wednesday

Saturday

Sunday

Weekly Plan

& Mission!

Monday

이번 주 미션!

자기 전 30분 SNS 디톡스

Thursday

Friday

그냥 다 군만두…고 싶다! **I LOVE YOU**

Tuesday

Wednesday

Saturday

Sunday

Weekly Plan
& Mission!

Monday

이번 주 미션!
전 애인 연락 금지

Thursday

Friday

그냥 다 굳만두…고 싶다!

I LOVE YOU

Tuesday

Wednesday

Saturday

Sunday

Weekly Plan
& Mission!

Monday

이번 주 미션!
안 쓰는 물건 버리기

Thursday

Friday

그냥 다 군만두…고 싶다! I LOVE YOU

Tuesday

Wednesday

Saturday

Sunday

Weekly Plan
& Mission!

이번 주 미션!

코털 정리하기

Monday

Thursday

Friday

그냥 다 굳만두…고 싶다!   I LOVE YOU

Tuesday

Wednesday

Saturday

Sunday

놀러 가면서 운전도 반반 밥값도 반반
통행료도 반반 자쿠지 온수도 반반이었다며!

개랑 살면 멘탈도 반반으로 딱 쪼개지는 거야.
얘, 조별과제에서 만난 팀원이랑도 그렇게는 안 해.

잘 끝냈어. 잘했어.

장바구니를 원하는

걸로 가득 채워봐!

Chapter.12

포기하지 않은 네가

갓생러!

개극호 정신으로 버텨온 당신에게
올해의 MVP 를 드립니다.

MONDAY	TUESDAY	WEDNESDAY	THURSDAY

December

FRIDAY	SATURDAY	SUNDAY

MONTHLY MISSION

내년의 나는 얼마나 더 멋있을까?

Weekly Plan
& Mission!

Monday

이번 주 미션!

파티 하기

Thursday

Friday

이번 연도 개멋있었다 … ✨

I LOVE YOU

Tuesday

Wednesday

Saturday

Sunday

Weekly Plan

& Mission!

이번 주 미션!

눈사람 만들기

Monday

Thursday

Friday

Weekly Plan
& Mission!

Monday

이번 주 미션!
고마웠던 사람에게 선물하기

Thursday

Friday

이번 연도 개멋있었다…✨ I LOVE YOU

Tuesday

Wednesday

Saturday

Sunday

Weekly Plan
& Mission!

Monday

이번 주 미션!
올해 한 줄 평 남기기

Thursday

Friday

이번 연도 개멋있었다 ···✨ I LOVE YOU

Tuesday

Wednesday

Saturday

Sunday

Weekly Plan
& Mission!

이번 주 미션!
내년 목표 세우기

Monday

Thursday

Friday

이번 연도 개멋있었다 …✨ I LOVE YOU

Tuesday

Wednesday

Saturday

Sunday

땅콩이의 종이학

나 널 위해 이렇게 종이학을 접고 있어

첫번째 학은 너 행복하게 해달라는 소원.
두번째 학은 내 땅콩 생기게 해달라는 소원…
이 아니라 너 안 아프게 해달라는 소원.
세번째 학은 나보단 너에게 내년에도
좋은 일 생기게 해달라는 소원.
네번째 학은 내년에도 날 버리지 말라는 소원…
이 아니라 네가 걱정없이 잘 잤으면 하는 소원.
다섯번째 학은 널 사랑하는 사람들이
주변에 언제나 많길 바라는 소원.

우리 콩깍지, 만수무강하세요 (하트)

1년 동안 고생한 너에게 편지를 써봐!

긍정왕 김땅콩의 개극호 다이어리

초판 1쇄 인쇄 2025년 12월 17일
초판 1쇄 발행 2026년 01월 01일

지은이 ┃ 긍정왕 김땅콩
펴낸이 ┃ 권기대
펴낸곳 ┃ ㈜베가북스

주　　　소 ┃ (07961) 서울특별시 영등포구 양산로17길 12, 후민타워 6~7층
대표전화 ┃ 02)322-7241　　　　　**팩　　스** ┃ 02)322-7242
출판등록 ┃ 2021년 6월 18일 제2021-000108호
홈페이지 ┃ www.vegabooks.co.kr　　**이메일** ┃ info@vagabooks.co.kr
ISBN 979-11-94831-20-4 02810

* 잘못된 책은 구입하신 서점에서 바꿔드립니다.
* 좋은 책을 만드는 주인공은 바로 독자 여러분입니다.
* 베가북스는 독자 여러분의 의견에 항상 귀를 기울입니다. 베가북스의 문은 항상 열려 있습니다.
* 원고 투고 또는 문의사항은 위의 이메일로 보내주시기 바랍니다.